L'esprit du football

Principes fondamentaux

Amine UMLIL

Du même auteur :

Le Spectre de l'Isotèle. Éditions Les 2 Encres, mai 2013

Médicament : recadrage. Sans ton pharmacien, t'es mort ! Éditions Les 2 Encres, septembre 2013

L'esprit du football

Principes fondamentaux

© 2016, Amine UMLIL
Éditeur : BoD – Books on Demand,
12/14 rond-point des Champs Élysés, 75008 Paris
Impression : BoD – Books on Demand, Allemagne

ISBN : 9782810627462

Dépôt légal : février 2016

Aux enfants de la Terre du football.

1. Quel que soit le lieu, observons cet enfant qui commence à peine à se tenir debout. Analysons ses expressions manifestées lors de sa première rencontre avec cet objet inconnu de forme sphérique : le ballon. Un jouet que ses parents, ses grands-parents ou autre membre de ses proches viennent de lui offrir ou simplement lui soumettre. En vain, il tente de l'attraper. Il essaie encore. C'est à nouveau un échec. Il chute puis se redresse instantanément. Il oublie ses difficultés de marche. Son attention est concentrée sur un seul objectif. Il est intrigué par ce mystérieux étranger qui lui résiste. Ce ballon rond qu'il n'arrive pas à apprivoiser comme ses autres jouets. Ce ballon, au sol, qui échappe à ses mains au moindre impact que ses pieds, devançant ses mains, infligent à cette chose. Impact qui imprime un mouvement quasi-permanent à ce ballon. L'enfant est interrogatif. Son visage s'illumine. Il s'éveille. Son émotion est palpable. Sa joie peut céder à l'agacement et à l'impatience. De ses éclats de rire peuvent parfois jaillir quelques pleurs momentanés. Il ne ménage pas ses efforts. Il le veut. Il persévère et finit par le dompter. C'est le soulagement. La scène est déjà révélatrice de cette relation fusionnelle qui est sur le point d'être conclue entre l'enfant et le ballon. Cette affinité nouée se poursuivra jusqu'à la fin de la vie.

2. Certains prismes tendent à déformer cette image. L'accusation se fonde sur l'apparence et le préjugé. Elle est irrecevable et non fondée. Elle est injustifiée. Cette stigmatisation semble contagieuse. Une mise au point s'impose. Celle-ci rappelle, de façon non exhaustive, certains principes essentiels souvent méconnus voire oubliés.

3. Ce Traité de football propose une réflexion. Il ne s'agit pas d'une analyse purement théorique. L'angle de vue émane du réel. Cette vision est forgée par un long apprentissage. Celui d'une pratique durable et d'une observation constante qui se sont échelonnées sur une période de plus d'une quarantaine d'années. Cette conviction a côtoyé plusieurs niveaux et divers styles de jeu. C'est le fruit d'une maturation accomplie au plus près du terrain.

4. Le football est plus qu'un sport. Il a une âme. C'est l'une des plus belles écoles de la vie. Lieu de la bientraitance, il est le remède de certaines fissures invisibles.

5. Le territoire du football est planétaire.

6. La langue du football est unique et universelle. La parole est superflue. Une simple présence commune sur un lieu donné suffit à instaurer une communication avec succès. L'échange s'opère au moyen d'un regard, d'un geste, d'un mouvement ou d'une émotion. Sans rencontre ni préparation préalables aucunes, plusieurs personnes habitant divers points du globe terrestre, d'âges différents et parlant des langues distinctes, arrivent brusquement à communiquer à travers le football. Ils n'ont besoin d'aucun traducteur.

7.   Le football abolit toute frontière. Son code est constant et immuable. Son essence est profonde. Le football est un esprit. C'est une philosophie. C'est même de la magie. D'une chimère, le football donne naissance à une réalité. L'abstrait se concrétise. Le rêve se matérialise. Il devient une création.

8. Le football repose sur des principes fondamentaux originels. Son cœur est pétri de valeurs. Sa moelle est remplie d'une substance insoluble. L'effort, le courage et la persévérance se combinent à la solidarité et à l'espérance. L'intégration côtoie la coopération. La joie croise la tristesse. La confiance gère la peur. L'engagement se substitue à la timidité. Le haut et le bas se mélangent de façon homogène. La hiérarchie s'aplatit. Les individualités ne s'effacent pas. Elles ne s'écrasent pas. Elles ne cèdent pas. Mais, elles fusionnent grâce au liant de la cohésion. Le bloc est compact. Ses liaisons dégagent une forte énergie. Sa solidité est à la fois spatiale et temporelle. L'erreur de l'un est gommée par l'intervention de l'autre. Le maillage requiert des nœuds différents aux qualités spécifiques. Mais, l'hétérogénéité de cette diversité se dissipe lors de la mise en mouvement coordonnée et parfaite des différents acteurs.

9. Le football n'est pas un milieu isolé du reste de la société. Ses valeurs fondamentales servent d'autres domaines. Il n'est d'ailleurs pas étonnant de voir certains chefs d'entreprises, au sens large, s'intéresser au football, à ses exigences et à ses concepts.

10. Le football a une identité. Elle est constituée d'un style de jeu. Elle a un fond et une forme. Ces éléments stables, de base, ne varient pas en fonction de paramètres tiers. Ils constituent une assise solide, efficace, pérenne et accueillante. Ils forment un label. Ce dernier est parfaitement affiché. Ce modèle est un repère pour tout nouveau membre. Il projette une vision à long terme.

11. L'image du football peut souffrir de toute forme d'extravagance. La posture individuelle sert ou nuit à la représentation collective. Mais, il y a lieu de rappeler que de tels éventuels décalages ne sont pas des caractéristiques intrinsèques au football. Ce dernier les subit. Il ne saurait donc être responsable de leur propagation et de leur caractère épidémique voire pandémique. Par ailleurs, la perception individuelle n'est pas à l'abri d'un hiatus. L'interprétation d'un même phénomène peut varier selon les pays.

12. Le football est un sport d'équipe. La force de celle-ci n'est pas la résultante des atouts de chacun de ses membres. Elle est plus que cela. Elle lui est supérieure. L'addition des forces individuelles se voit amplifiée par un effet synergique. Par ricochet et *a posteriori*, un tel effet permet, en retour, une valorisation de la performance individuelle. La puissance de cette synergie est proportionnelle à la cohésion obtenue au sein du groupe. Pour s'en convaincre, il suffit de constater certains résultats lors d'une compétition opposant l'élite professionnelle à des amateurs. Parfois, la surprise surgit. Elle est de taille. Le petit l'emporte sur le géant. Le football est l'un des rares domaines offrant une telle possibilité d'un exploit improbable.

13. Le football est, avant tout, une obligation de moyens. Se focaliser d'emblée sur le résultat peut produire un effet anesthésiant. L'acteur devient son propre adversaire. Il lutte contre lui-même. Contre ses peurs et son manque de confiance. De tels symptômes révèlent toutefois l'ampleur de la tâche. Ils ne sont pas nécessairement négatifs. Ils témoignent au moins d'une prise de conscience du devoir et des limites humaines. Leur absence peut être l'aveu d'un désintérêt du sujet. La crainte se transforme alors en un facteur stimulant.

14. Sans conviction, le résultat est presque toujours inaccessible. Avec l'envie, ce résultat devient peut-être envisageable. C'est le soin apporté à chacun des gestes du présent qui rend la performance possible. Mais, sans le plaisir, la conviction devient douteuse et le résultat incertain. Du moins à long terme.

15. Le spectacle offert prime donc. Il fidélise. Il respecte la finalité du jeu. Même dans la victoire, le football est fade lorsqu'il se ferme. Lorsqu'il s'ouvre, il rend une défaite moins amère.

16. Mais, le but est toujours en vue. Le résultat est même une obsession. Atteindre ce but fixé signe presque mécaniquement la résolution de l'équation initiale. Car l'essentiel ne se réduit pas toujours à une simple participation.

17. L'Homme (femme ou homme) apprend ainsi à gérer d'autres situations angoissantes et étrangères au football. Les exemples ne manquent pas. Une situation d'examens ou de concours en est une illustration significative.

18. En football, l'imprévisibilité est une donnée constante. Aucune épreuve, aucune partie, aucun match ne ressemble à un autre. Il est difficile de reproduire, exactement, deux fois la même situation de jeu. Un tel défi semble inaccessible quelle que soit la qualité des préparations lors d'un entraînement. Le sens du résultat peut s'inverser à tout moment. En une fraction de seconde, à la moindre négligence, inattention ou manque de coordination, tout peut basculer. Le fruit de tous les efforts accomplis se trouve anéanti. Le lien se disloque. L'erreur peut être individuelle ou collective.

19. La solidité de l'équipe est subordonnée à un équilibre fragile. Une telle incertitude nécessite par conséquent une permanente anticipation. A son tour, celle-ci requiert concentration, réflexion, ajustement et évaluation.

20. Le football ne consiste pas à taper dans un ballon et à courir après. Cela peut paraître surprenant. Mais en réalité, le football se joue d'abord avec notamment la tête, les yeux et les oreilles. Les pieds ne sont que des membres inférieurs qui obéissent à un ordre dicté par le cerveau. La précision du geste effectué est étroitement liée à la qualité de l'information transmise par le cerveau. Le mental et le physique ne sont pas deux entités distinctes. Ils ont besoin mutuellement l'un de l'autre. Ils sont connectés. Il y a lieu de les façonner simultanément.

21. Accéder à la dimension suprême du football requiert un épanouissement parallèle dans un ou plusieurs autres domaines.

22. L'éducation familiale et scolaire est un ingrédient de base à la réussite. Elle apprend au jeune Homme comment apprendre. Elle l'aide à devenir autonome dans sa réflexion et à le libérer de certaines contraintes d'influence. Il devient apte. Il analyse son environnement et forge sa propre opinion. Il devient décideur. Il gagne son indépendance. Il accède à la liberté.

23. Relevons que le jeu du football consiste à maîtriser un ballon rond. Cet objet de forme sphérique n'échappe pas aux lois naturelles. Les règles de la physique, de la géométrie, des mathématiques, etc. peuvent s'avérer utiles. Approcher ces normes nécessite des connaissances préalables telles que la lecture et l'écriture. Tout semble lié dans un processus continu.

24. Il y a différentes formes d'intelligence. Etre brillant intellectuellement n'est pas un facteur limitant à la pratique du football. C'est tout le contraire comme en témoignent certains cas dans tel ou tel pays de football. Mais, l'absence de cette faculté n'est pas non plus un élément discriminant. Seuls sont exigés la rectitude du comportement et le goût de l'effort face à l'éventuelle difficulté du devoir. Le reste suit naturellement.

25. Le football est une hygiène de vie. Il réclame une hygiène alimentaire et un sommeil de qualité. Le prétendant à ce sport est invité à s'approprier une telle rigueur. Car le bénéfice escompté est à la fois d'ordre individuel et collectif. A la bonne dose, le sport est bienfaiteur. Il vise à prévenir des problèmes de santé tout en générant des économies. Cette finalité s'oppose à celle de la consommation de certaines substances nuisibles.

26. Toute réussite exige de la discipline. Les sensations heureuses succèdent à la douleur de l'effort.

L'esprit du football

27. Le football n'est pas une matière comme les autres. Il ne s'apprend pas. Il se découvre. La recherche s'appuie sur la répétition concrète, effective et naturelle du geste. Le déclic se produit à l'issue d'un temps inconnu et variable selon les individus. Mais, la précocité du contact semble être un élément déterminant.

28. Depuis longtemps, les enfants jouant au football dans la rue, ou sur une plage, ont écrit la procédure adéquate.

29. Le football est la simplicité. D'abord, la partie peut commencer en présence d'au moins deux personnes. Vêtues du strict minimum, même avec des pieds nus, rien n'interdit à ces personnes de commencer l'épreuve. Ensuite, le joueur le meilleur est celui qui dégage une simplicité dans le jeu. En le voyant évoluer, tout paraît facile. L'illusion pourrait amener un tiers à croire que l'exercice effectué, par le technicien, lui est abordable. Mais, ce sentiment s'évapore dans la première tentative d'essai. Cette simplicité n'est, en réalité, que la traduction d'une incroyable maîtrise.

30. Le football privilégie la technique irréprochable et la vision intelligente du jeu plutôt que la puissance physique et la vitesse de course. Les deux dernières sont servantes des deux premières. En tout cas, la recherche d'un équilibre entre ces différents paramètres est indispensable. L'excès de muscles est à éviter. Il est vain de vouloir tenter de franchir un obstacle par l'usage de la seule force physique combinée à la vitesse de course. D'autant plus que ledit obstacle est amovible et semble être doté d'une invraisemblable capacité d'adaptation. Dans une portion de la zone du jeu, courir, seul en compagnie du ballon, mène à l'isolement, à la fragilisation, à la fatigue et à l'échec. Une telle virée solitaire déstabilise l'équipe. Elle éclate le collectif. Et en plus, ce n'est pas très joli à voir. La souhaitable vitesse d'exécution et l'indésirable précipitation ne sont pas fongibles. La nuance est subtile.

31. Le ballon court plus vite que n'importe quel Homme sur Terre.

32. La technique n'est pas le jonglage. Mais, ce dernier peut lui être utile au même titre que d'autres atouts souhaitables. La technique réelle est cette capacité qui permet à l'acteur de conduire l'épreuve avec sérénité. La technique s'apprécie en présence et en l'absence du ballon. Elle tient compte de plusieurs autres composantes telles que la vision du jeu, le déplacement sur le terrain, l'alternance des jeux court et long, la qualité de la frappe, le jeu de tête et la façon de courir. Néanmoins, avec aisance, le technicien se déplace avec le ballon dans n'importe quelle direction et quel que soit l'instant. Il doit pouvoir changer soudainement d'option. Il oublie même qu'il est porteur du ballon. Sa seule préoccupation devient celle de la recherche d'une solution.

33. L'équation à résoudre consiste à faire entrer le ballon rond dans le but adverse. Le chemin s'emprunte avec méthode. Le parcours est truffé de plusieurs obstacles. Ces derniers s'assemblent pour constituer un mur réactif à son environnement. Ce rideau défensif et mobile peut contenir un ou plusieurs niveaux de diverses épaisseurs. Il ne se laisse pas aisément traverser. Le hasard a peu de place mais un zeste de chance est attendu. L'approximation, même infime, garantit la perte du ballon. Ce dernier change de camp. Il faut savoir contourner ce mur en usant de plusieurs moyens disponibles tels que le jeu en triangle ou l'une-deux à volonté. Une porte s'ouvre alors. Le mur se fissure. Une brèche se crée. La progression devient possible.

34. La conquête s'opère de façon progressive voire de manière lente. Par des pas en avant puis en arrière, ou encore latéralement, répétés autant de fois que nécessaire, le bloc parvient à avancer. Une harmonieuse synergie jaillit de la symbiose née entre les joueurs et le ballon.

35. Le football est consubstantiel de la patience. La partie dure au moins quatre-vingt-dix minutes. Certes, c'est en même temps long et court. Mais, il est inutile de vouloir marquer un but tout de suite. Il est désespérant de chercher, systématiquement et rapidement, un déplacement vers l'avant.

36. Le terrain de jeu est large et sa dimension est invariable. Mais, les espaces disponibles sont restreints et en perpétuelle modification du fait du mouvement généré, en continu, par les acteurs. Les étapes incontournables ne sauraient être sacrifiées. Une attaque se prépare.

37. De préférence, l'attaquant ne joue que les bons coups. Son rendement cherche à approcher une efficacité maximale. Cet attaquant se fait oublier. Il endort son adversaire avant de le surprendre. Cette recette a une dimension psychologique. Elle injecte de la fébrilité dans la défense adverse. La simple présence de cet attaquant, doué d'une telle qualité, diminue la sérénité adverse.

38. L'énergie de l'attaquant est à préserver contre des efforts inutiles. Elle ne se perd pas dans une volonté tendant à essayer de rattraper un ballon perdu d'avance.

39. L'attaquant ne défend pas comme un défenseur. Parce que le défenseur n'attaque pas comme un attaquant. Les rôles ne s'inversent pas. Chaque poste a ses exigences propres et requiert des spécificités qui appellent, chez les joueurs, des qualités bien particulières. Les membres d'une équipe ne sont pas des sosies. Ils sont complémentaires. Chaque poste délimite sa zone et rédige sa fiche de compétences requises.

40. Le milieu de l'équipe joue un rôle de passerelle entre la défense et l'attaque. C'est un pont. Eu égard à cette position intermédiaire, sa fonction est hybride. Elle est composée de tâches offensives et défensives dont les proportions varient selon la position exacte. Celle-ci peut être plus proche de l'attaque ou de la défense.

41. Chaque zone défensive, médiane ou avancée connaît un organisateur. Il veille à la bonne disposition de chacun des joueurs. Le respect des zones est une exigence.

42. Un seul joueur peut bénéficier d'une totale liberté de circulation dans toutes les zones du terrain. C'est un éclaireur. Il s'agit souvent d'un meneur qui occupe le milieu offensif. Il dicte le rythme tel un chef d'orchestre.

43. L'objectif premier est défensif. L'équipe protège son but. C'est la fondation de toute construction sur laquelle reposent les zones médiane et offensive. Tout s'amorce à ce niveau. La qualité de cette défense, qui inclut le gardien de but, retentit sur le reste de l'édifice. Si l'équipe ne prend pas de but, elle pourra, en revanche, en marquer à tout moment y compris dans les instants ultimes de la partie. La victoire reste possible. La préservation de son but entretient l'espoir du gain jusqu'à la fin de l'exercice.

44. Sur le terrain, le joueur reste le maître du jeu. C'est lui l'artiste. Il compose. Il ne peut être réduit à un rôle d'exécutant. Ce n'est pas un robot programmé qui met en œuvre une tactique décidée, à l'avance, dans le vestiaire en l'absence de l'équipe adverse. Il s'adapte aux variables imposées, en temps réel, par le jeu. Il réajuste son appréciation en permanence. Aucune donnée n'est figée. Il prend des initiatives. Il innove. Il devient créateur. Pas de création, point d'artiste.

45. Au football, le ballon rond se caresse. Il se goûte par le toucher. En douceur mais avec fermeté, le joueur parle avec lui. Il le protège. Il met son corps entre le ballon et l'adversaire. Il offre à ce ballon une couverture efficace. Il ne laisse aucun espace exploitable par un tiers. Il colle à son ballon. Il crée ce lien fusionnel. Une communication s'installe. Ils font connaissance. Alors, ils dansent. Ils font tanguer l'adversaire.

46. Sur le terrain, la droiture de la posture se conjugue à l'élégance du geste. La beauté du mouvement suscite le plaisir du regard.

47. L'un des secrets du football réside dans le contrôle ; au sens large du terme. Il est question du contrôle de ses capacités, de ses faiblesses, de ses émotions et de ses passions. Mais, il s'agit aussi du contrôle du ballon.

48. La maîtrise du contrôle du ballon est primordiale. Elle nécessite une connaissance profonde des différentes surfaces de son corps et notamment celles de ses pieds, de ses cuisses, de sa poitrine et de sa tête. Un contrôle parfait fait gagner au joueur un temps précieux ; bien que ce dernier se limite à quelques fractions de seconde. Il devient alors possible pour l'acteur d'envisager la suite des opérations dans une zone difficile. Une zone qui se distingue par l'étroitesse des espaces et la rapidité des mouvements simultanés de plusieurs autres intervenants. La scène est en mouvement. Le tableau est en perpétuel remaniement. Tout se joue à cet instant. En un geste, le joueur qui reçoit le ballon absorbe, avec souplesse et délicatesse, le choc potentiel dû à la cinétique de ce ballon. Il annihile sa vitesse. Le ballon s'immobilise sur le champ. Il ne bouge plus. Il colle à la partie du corps disposée et autorisée à l'accueillir. En réalité, le plus souvent, ce ballon ne devient pas totalement immobile mais il se voit orienté, malgré lui et tout en étant toujours sous contrôle, vers une autre direction que celle qui lui avait été initialement imprimée par le joueur émetteur de la passe. Il arrive même que ce contact devienne superflu lorsque la situation permet au joueur d'accompagner simplement le ballon en respectant sa trajectoire d'origine. Cette dernière possibilité fait gagner un espace non négligeable et économise un temps considérable. Sa réalisation témoigne d'une haute maîtrise technique. Cette situation se crée parfois par un simple mouvement du corps qui s'engage dans une danse à la fois belle et éphémère.

49. A cette qualité de contrôle du ballon s'ajoutent deux autres éléments essentiels : un équilibre corporel parfait ; et une prise anticipée de l'information émanant de l'environnement immédiat et lointain de la zone du jeu.

50. Le football est l'exactitude.

51. Toute passe est précise. Elle se fait au bon moment. Un décalage insignifiant porte grandement atteinte à la progression du bloc de l'équipe. Un tout petit retard dans l'exécution de cette passe met le coéquipier hors du jeu. Il rend caduque le plan déployé. La passe doit mettre le coéquipier dans les meilleures conditions possibles. Il revient au joueur, en possession du ballon, d'apprécier, souverainement, un tel moment opportun. Mais, ses coéquipiers, attendant ce ballon, doivent également être capables de lire les intentions futures du passeur. Ils anticipent. Aussi, peuvent-ils lui proposer la meilleure solution rendant l'échange possible et fluide. Avec détermination, et par le seul mouvement épuré de toute parole, ils manifestent leur présence et suggèrent leur volonté accueillante. Ils ne se cachent pas derrière les joueurs adverses. Ils se montrent de façon nette. C'est l'un des rôles les plus utiles d'une course. A chaque instant, le porteur du ballon est en présence d'au moins deux solutions différentes.

52. Le meilleur jeu est celui qui enregistre des passes successives entre les acteurs. Chacun d'eux évite d'effectuer ce contrôle du ballon préalable à toute passe. Chaque joueur s'épargne tout enlisement dans la réalisation d'un geste évitable. Cette conception supprime une étape dans le processus. La réaction s'accélère. En une touche, le technicien transmet le ballon à un autre coéquipier. Le joueur ciblé par la passe connaît, à l'avance, son positionnement et son programme de gestion du ballon qu'il s'apprête à réceptionner. Il peut ainsi le faire suivre, à nouveau, à un autre coéquipier en ne faisant, lui aussi, qu'une seule touche. Un tel système complique la tâche de l'adversaire. Il avoisine la perfection.

53. En l'absence de telles opportunités d'échange rapide du ballon, et seulement à défaut de ces disponibilités, le porteur du ballon doit savoir garder ce dernier. Il en est responsable. L'équipe le lui a confié. Pour ne pas le perdre, il n'a d'autre choix possible que de se diriger vers un espace libre à la recherche d'une solution. Mais, une autre option est envisageable notamment pour l'attaquant : essayer de percer seul la défense adverse. En pareilles circonstances, il peut prendre le risque en usant de ses qualités de dribble.

54. La perte d'un ballon par un coéquipier n'est pas une invitation à discréditer ce dernier. Il a, lui-même, conscience de son erreur. Il s'en veut. Il y a lieu de l'encourager. Le football reste un jeu. L'erreur n'est pas une faute.

55. Sur un terrain, le silence des acteurs est absolu. La communication est muette. Le seul bruit audible est celui du contact entre l'acteur et le ballon. Un bruit sourd qui retentit à une distance notable.

56. Il ne sert à rien de vouloir déployer des efforts inconsidérés tendant à la récupération d'un ballon mal transmis. Dans une telle situation, le risque de blessure et de sanction est supérieur au bénéfice escompté inhérent à cette éventuelle récupération. Souvent, les tacles s'avèrent inutiles voire dangereux. Il en est de même des disputes aériennes. Le football se joue principalement au sol. La vérité est voisine de la poussière de la Terre. La solution est loin des lustres. Parce qu'il réduit le poids en masse, le sol est l'antidote de la gravité.

57. Le jeu n'est pas incompatible avec la préservation de l'intégrité physique de chaque joueur. Il est absurde de s'exposer à la blessure ou à la sanction, de manière irréfléchie, pour tenter de plaire à un tiers. Les engagements aveugles sont inacceptables. La spontanéité s'inscrit dans un mouvement engagé mais raisonné. Le football se blesse par tout dommage corporel évitable. Seul un événement accidentel est compréhensible et supportable.

58. De façon continue, l'acteur interroge sa position. Il questionne celles des autres acteurs. Tout en s'informant sur ces éléments instables, il veille à ne jamais quitter le ballon du regard. En temps réel, ce dernier balaye dans les quatre directions. L'artiste a au moins quatre yeux.

59. Sur la Terre du football, les premières années s'initient spontanément. Elles s'amorcent de façon parfois inattendue. L'enfant s'amuse. Il doit uniquement s'amuser. Son plaisir est la seule finalité. Toute charge supplémentaire est superfétatoire. L'enfant se découvre. Il teste ses idées et ses trouvailles. Il est libre de ses gestes. Il ne force pas son mouvement. Il est léger et épargné de tout matériel artificiel, lourd et encombrant. Ce dernier rend la découverte du geste technique difficilement accessible. L'enfant a le droit de faire ce qu'il veut avec son ballon en jouant avec ses copains et peut-être futurs coéquipiers. Il n'a besoin d'aucune consigne stricte et encore moins des hurlements et des aboiements à l'effet tétanisant et à l'objectif déformé. Une jeune pousse est une denrée rare. Elle appelle à être protégée contre toute forme d'imposture. Un talent, inné et/ou révélé, se confie à une main exercée. Dans le cas contraire, la mutation de l'artiste en automate n'est pas exclue. Elle pointe même à l'horizon. Elle est déjà en vue.

60. Le ballon des premiers pas est adapté au jeune acteur. Enfant et ballon grandissent ensemble. Leurs poids respectifs sont proportionnés et calibrés. Toutes les surfaces disponibles leur tendent la main. Une partie dans la maison en compagnie d'un ballon de baudruche ou en mousse est tout à fait envisageable au grand regret, parfois, de certains objets d'ornement.

61. Avec les années, les gestes deviennent des réflexes. Confronté à diverses situations et à leurs répétitions, le joueur de football acquiert un mécanisme de décision doté d'une exceptionnelle rapidité. En un temps extrêmement restreint, il fait le choix parmi plusieurs options possibles alors qu'il est en plein mouvement et que le ballon se dirige vers lui avec une vitesse significative. Un non initié peut être assommé en pareille situation.

62. Les règles s'apprennent au fur et à mesure. L'aventure introduit l'encadrement et les consignes utiles de façon progressive. L'apprentissage est pointilleux. Il est insoupçonnable.

63. Au fond, le ballon est un objet vivant. Il est un messager. C'est un instrument de mesure. C'est le témoin qui extériorise l'esprit du football. Il rend visible les principes fondamentaux qui imbibent toute une équipe humaine, sociale et paisible.

64. Le football se joue aussi sans ce ballon rond. Une telle réalité peut durer pendant toute la partie. Elle témoigne de la générosité de son auteur et de son attachement à l'intérêt général. En faisant les bons déplacements, en choisissant la bonne direction de courses, un joueur se voit souvent suivre par un ou plusieurs joueurs adverses. Il crée ainsi de l'espace pour ses coéquipiers. Il leur ouvre le chemin en embarquant avec lui quelques éléments adverses. Marquer un but n'est pas une tâche exclusive réservée à l'attaquant. Ce dernier accomplit son rôle s'il arrive à former cette brèche dans la défense adverse en faisant un appel judicieux. Le plaisir se ressent aussi en contemplant celui des autres membres de son équipe.

65. Au football, la ruse est un ingrédient ancestral. Elle ne se confond pas avec la triche. Elle contribue à la magie. C'est l'un des secrets invisibles de l'artisan.

66. Le football est réfractaire à certaines formes de la technologie. Parce que celles-ci le vident de son imagination, limitent sa vitalité et l'emprisonnent dans la rigidité d'un standard. Elles le stérilisent. Elles le rendent uniforme. Elles le lissent. Il devient insipide. L'enquête est antinomique à la magie. La création artistique a besoin d'un espace d'expression ouvert et modulable selon les circonstances et les colorations du moment présent. Le tableau se capte en un seul temps et simultanément à sa confection. La peinture ne se fige pas. L'œuvre ne se déguste pas à froid.

67. Le sceau du football est intact. Il n'est pas responsable des paradoxes qui l'entourent. Il est intouchable. Il est insusceptible de toute dénaturation malgré le caractère coriace et ostensible des contrastes.

68. Le football est un art populaire. C'est une science humaine et sociale. Il est le ciment du Monde. Il est la glu de l'Humanité.

69. Le football appartient à ses créateurs. Il ne se livre pas à l'usurpation. Il ne se confisque pas. Son esprit ne se négocie pas. Son âme ne se marchande pas. Le lucratif ne freine pas sa projection et ne limite pas sa diffusion.

70. Le football ne se vend pas. Il est intangible. Son domaine est inaliénable.

Mais, ses magiciens méritent toute reconnaissance. Cette Constitution le démontre.

© 2016, Amine UMLIL
Éditeur : BoD – Books on Demand,
12/14 rond-point des Champs Élysés, 75008 Paris
Impression : BoD – Books on Demand, Allemagne

ISBN : 9782810627462

Dépôt légal : février 2016